O PRÓXIMO NÍVEL DE INVESTIMENTO EM CRIPTOMOEDAS

Estratégias Avançadas Para Aumentar a Riqueza com Bitcoin e Criptomoedas

WAYNE WALKER

© Copyright 2018 por Wayne Walker, Todos os direitos reservados.

Este livro foi escrito com o objetivo de fornecer informações tão precisas e confiáveis quanto possível. Os profissionais devem ser consultados conforme necessário antes de realizar qualquer uma das ações aqui endossadas.

Esta declaração é considerada justa e válida pela American Bar Association e pelo Comitê da Associação de Editores e é juridicamente vinculativa em todos os Estados Unidos.

Além disso, a transmissão, duplicação ou reprodução de qualquer um dos trabalhos a seguir, incluindo informações precisas, será considerada um ato ilegal, independentemente de ser feito por meio eletrônico ou impresso. A legalidade se estende à criação de uma cópia secundária ou terciária do trabalho ou uma cópia gravada e só é permitida com o consentimento expresso por escrito do Editor. Todos os direitos adicionais são reservados.

As informações nas páginas a seguir são amplamente consideradas como um relato verdadeiro e preciso dos fatos e, como tal, qualquer desatenção ou uso indevido das informações em questão por parte do leitor tornará as ações resultantes exclusivamente sob sua supervisão. Não há cenários em que o editor ou o autor deste trabalho possam ser de alguma forma considerados responsáveis por quaisquer dificuldades ou danos que possam ocorrer a eles após o cumprimento das informações aqui descritas.

Índice

CRIPTOMOEDAS (ALÉM DO BITCOIN): O QUE ELAS FAZEM? 5

DEPOIS DE TODO ENTUSIASMO O QUE VOCÊ REALMENTE DEVE TER EM SEU PORTFÓLIO DE CRIPTO? 9

LEVE SUA DIVERSIFICAÇÃO DE PORTFÓLIO DE CRIPTO PARA O PRÓXIMO NÍVEL 13

VISÃO GERAL DAS ICOS: O QUE É BOM E SOBRE O QUE FICAR ALERTA. 17

ARMADILHAS A SEREM EVITADAS AO FAZER A TRANSAÇÃO DE TRADING FOREX PARA CRIPTOMOEDAS 21

EXCHANGES DE CRIPTOS: FRONT-RUNNING E PREÇOS 27

SEGURANÇA PARA SUA CONTA 31

O NOVO MUNDO DAS CRIPTOMOEDAS APOIADAS PELO GOVERNO ... 35

O QUE ESPERAR DAS CRIPTOMOEDAS NO FUTURO PRÓXIMO 39

ZONA DE NEGOCIAÇÃO DE CRIPTO 47

TRADING DE BITCOIN E ALTCOIN 49

TÁTICAS DE NEGOCIAÇÃO 53

JUNTANTO TUDO 59

FERRAMENTAS DE ANÁLISE TÉCNICA DE CRIPTO 65

INDICADORES DE ANÁLISE TÉCNICA 71

SEUS PRÓXIMOS PASSOS 79

CONCLUSÃO 81

VOCABULÁRIO ESSENCIAL DA CRIPTO BITCOIN 85

PERFIL DO AUTOR 91

CRIPTOMOEDAS
(além do Bitcoin): O Que Elas Fazem?

Para as muitas pessoas que ainda estão maravilhadas com os incríveis movimentos de preços que vimos em muitas criptomoedas, a pergunta que mais recebo de novos alunos e de outros é "o que elas fazem?" É claro que o Bitcoin ganha destaque, mas as outras criptomoedas a maioria das pessoas não fazem ideia do que sejam. Vamos dar uma olhada nas moedas mais populares e depois fazer algumas reflexões sobre os movimentos do mercado.

Ethereum (ETH) – Contratos programáveis

Bitcoin (BTC) – Movimentação de dinheiro, liquidação de transações, um ativo digital

Dash (DASH) – Principal recurso é a privacidade

Monero (XMR) – Dinheiro digital privado Litecoin (LTC) – Semelhante ao Bitcoin, porém mais rápido

Ripple (XRP) – Rede de liquidação de pagamento empresarial

NEO (NEO) – Ethereum para o mercado chinês

Por Que Elas Valorizaram Tanto?

Além das perguntas sobre a finalidade das criptomoedas, o próximo tópico mais quente é sobre os movimentos do mercado. A história que conto com mais frequência nas aulas é sobre quando viajei para a cidade de Nova York em maio de 2017, nas férias de trabalho. Naquela época, o Bitcoin estava sendo negociado a pouco mais de $2.200, eu voltei para a Europa em agosto e ele estava acima de $4.000. Agora, o que havia de diferente no Bitcoin em agosto para garantir quase o dobro do preço? Superficialmente, não muito, porém, o Bitcoin e as criptomoedas em geral são baseados na confiança dos sistemas que os sustentam. Com isso em mente, a disparada do Bitcoin para além dos $19.000 e as altcoins gerando ganhos de arregalar os olhos, para qualquer um que estabeleça um limite sobre o que "é razoável" está claramente cedendo a ilusões. Não há ciência ou lógica exata aqui.

Como Você Deve Negociá-las

Pela minha experiência e treinamento dentro dos mercados de capitais, especificamente o forex, muitas das moedas estão em território de sobrecompra extrema. De acordo com alguns dos relatórios que li de diferentes analistas, o Bitcoin continuará obtendo ganhos massivos. Eu não posso mais rir deles ou aplicar todo o meu treinamento anterior. O que pode ser usado, e eu sugiro fortemente isso para qualquer um que negocie qualquer classe de ativo, é "tornar o fracasso passível de sobrevivência", essa não é minha citação, isso é bem conhecido por engenheiros e pessoas envolvidas com startups. Invista ou negocie com capital de risco em várias moedas que tenham volume suficiente para que sua capacidade de entrar e sair seja relativamente fácil. Estou ciente de que há muitos pontos de vista sobre o que é volume suficiente, preciso ver pelo menos 1.000.000 ou mais. Finalmente, você também pode considerar as criptos como uma proteção para seus investimentos ou negociações. Elas se qualificam porque, como uma classe de ativos, elas não se correlacionam com outros ativos, por exemplo, ações ou commodities. Nos capítulos posteriores, exploraremos com mais profundidade as melhores práticas de trading cripto.

DEPOIS DE TODO ENTUSIASMO

O Que Você Realmente Deve Ter Em Seu Portfólio de Cripto?

Até mesmo para o observador casual, o outono de 2017 entrando nos dois primeiros trimestres de 2018 foi uma grande aventura o cenário de criptomoedas. Parece que, por enquanto, como escrevi em artigos na internet, parte do exagero diminui e podemos continuar com o trading e investimentos reais de cripto. Na verdade, muito do que escrevi (menos entusiasmo, mais regulamentos) se tornou realidade.

Não é com uma atitude de "eu avisei" que escrevo que o entusiasmo está tirando umas férias, eu escrevo porque o entusiasmo precisava de férias para o bem das criptomoedas a longo prazo. Sei muito bem que muitas pessoas foram prejudicadas e suas contas sofreram alguns nocautes. Para ser honesto, alguns desistiram das criptos de uma vez. A maioria dos traders de criptomoedas que partiram são aqueles que se recusaram ou negligenciaram em obter algum treinamento ou aconselhamento qualificado antes de mergulhar de cabeça. Eu enfatizei em meus outros livros a importância da diversificação. Um conceito importante para todas as classes de ativos, mas com criptos isso vai muito além de "é bom saber" para "É UM DEVER SABER". Este conceito de diversificação não mágico ou algum segredo profundo. Ter apenas conhecimento dos princípios básicos do trading junto com a análise técnica teria ajudado muitos com sua estratégia e especialmente sua mentalidade.

A Realidade

O fato é que a volatilidade que vimos com o Bitcoin foi realmente mais severa no passado. As criptos como outros mercados podem realmente cair, este ponto parecia uma ideia nova para alguns. Quando estávamos tendo uma corrida com o Bitcoin de $10.000 para mais de $19.000 mais rápido do que até mesmo o maior fã poderia ter imaginado, a desvantagem foi esquecida. A redução do entusiasmo ajudou a amadurecer o mercado e também forçou os traders a terem um olhar mais estratégico para o setor. Outra vantagem, a venda do Bitcoin teve o benefício de permitir que vários altcoins ganhassem o centro das atenções, por exemplo, o Stellar.

O Portfólio

O que eu consideraria incluir em um portfólio de 2018 e além:

Bitcoin, Ethereum, Ripple, Cardano, Stellar, NEO, Litecoin, EOS e Nem. Eles são selecionados a partir do meu princípio de que os investidores ou traders devem ter uma carteira diversificada de criptomoedas e negociar apenas aquelas com boa liquidez (por padrões de cripto). Todos os selecionados estão entre os 15 primeiros em termos de capitalização de mercado.

Tanto os novos quanto os mais experientes entusiastas de cripto devem estar cientes das características únicas de cada moeda. Cada criptoativo tem suas características distintas em termos de comportamento de mercado. Também vimos que as altcoins têm suas próprias histórias de movimento de preços. Não é tão simples dizer, como foi dito no passado, que tudo o que o Ethereum ou o Bitcoin fizer no mercado, as outras moedas reagirão com movimentos de preços semelhantes. Por exemplo, o declínio do Bitcoin não levou a uma queda equivalente para muitos altcoins. Ao contrário, muitos tiveram um aumento no valor.

ICOs

Fora da minha lista de moedas sugeridas, também pode haver espaço para um ICO especulativo ou dois. Isso é considerado com o conhecimento de que muitos, mas NÃO todos, são fraudes. Depois de selecionar suas criptos, a próxima etapa para diversificar ainda mais o portfólio é garantir que você tenha o mix de setores apropriado. A maioria dos investidores perde esse detalhe crítico ao construir uma carteira.

LEVE SUA DIVERSIFICAÇÃO DE PORTFÓLIO DE CRIPTO PARA O PRÓXIMO NÍVEL

Os investidores sérios geralmente concordam com a ideia de que a diversidade é desejável em uma carteira. Quer eles estejam negociando títulos públicos geralmente seguros ou criptomoedas voláteis, a diversidade é algo com que todos podemos concordar. Isso é especialmente verdadeiro quando é de conhecimento comum que cerca de 1.000 pessoas possuem 40 por cento do mercado Bitcoin, as chamadas "baleias Bitcoin". As baleias, aliás, também estão em outras moedas.

O que farei é expandir o conceito e compartilhar mais das estratégias que os investidores de cripto de alto valor líquido usam em seus portfólios. Como já abordei em alguns de meus artigos, você deve ter como objetivo ter um portfólio com uma mistura de criptomoedas para evitar a loucura de ter todo o seu dinheiro em Bitcoin ou Ethereum. O primeiro passo para aumentar visivelmente sua diversificação é diversificar por setor, como no recurso, e ou objetivo principal da moeda.

Diversidade da Cripto Por Setor

Alguns dos setores para começar: Tokens, Convencionais, Contratos Inteligentes, Sistema de Liquidação, Privacidade, Serviço de Sobreposição. As sugestões listadas são apenas isso, sugestões. Obviamente, esta não é uma lista completa de todas as moedas de todos os setores. A lista, entretanto, é um bom ponto de partida ao montar seu portfólio.

Os setores e moedas possíveis

Token: Stratus, EOS

Contratos inteligentes: NEO, Ethereum, Cardano

Privacidade: Monero, Dash, Zcoin

Convencional: Litecoin, IOTA, NEM

Settlement Networks: Stellar, Ripple

Diversidade Cripto Por Exchanges

A diversidade de exchanges é frequentemente esquecida no processo de gerenciamento de risco. Esse descuido foi especialmente doloroso em 2017, quando várias das exchanges mais conhecidas no Oriente e no Ocidente tiveram problemas para lidar com a corrida do mercado. Esses problemas assumiram a forma de: servidores sobrecarregados, sites inativos e, para muitos, o mais doloroso foi não conseguir retirar os lucros. Este é um mercado 24 horas por dia, 7 dias por semana e grandes movimentos podem ocorrer a qualquer momento, portanto, a capacidade de execução é fundamental. Você começa o processo selecionando cuidadosamente de acordo com uma combinação de fatores, incluindo: se regulamentado ou não, o país, velocidade das transferências bancárias, reputação no mercado, etc.

Estendendo a Vantagem

Apenas incorporando as etapas da diversidade de exchanges, você terá uma vantagem clara sobre muitos investidores. Para estender sua vantagem, o próximo passo é considerar o peso de cada setor ou moeda em seu portfólio. Por exemplo, se você tem 4 moedas em um setor, cada uma delas recebe 25% da alocação de seus fundos ou se for 4 setores elas recebem 25% cada uma? A composição final leva em consideração muitos fatores, por exemplo, sua tolerância ao risco, sua exposição a outras classes de ativos e o tamanho de sua conta. Essas são algumas das coisas em que trabalho com os clientes para ajudá-los a ficarem tranquilos.

Em seguida, você continua o processo vendo qual a porcentagem dos fundos em cada exchange. O mercado de cripto permanece em grande parte não regulamentado; se sua exchange quebrar, haverá pouca ajuda de qualquer governo, portanto, estar ciente de qual porcentagem de fundos está em cada exchange é uma parte necessária de sua gestão de risco.

Visão Geral das ICOs:
O Que é Bom e Sobre o Que Ficar Alerta

De acordo com uma pesquisa recente, a maioria dos americanos não sabia o que era uma ICO. Uma Oferta Inicial de Moeda (ICO) é semelhante a uma Oferta Pública Inicial (IPO). Em uma IPO, os investidores são convidados a comprar ações de uma empresa na oferta da empresa para levantar capital. No entanto, com as ICOs, os investidores compram as cripto tokens subjacentes em troca de Bitcoin ou Ether.

A primeira ICO foi o Projeto Mastercoin em 2013 por J R Willet. Ele levantou $500.000 na forma de 5.000 Bitcoins. Os investidores compraram Mastercoins em troca de Bitcoins. Os 5.000 Bitcoins que a MasterCoin levantou em 2013 valiam cerca de $41 milhões em junho de 2018.

Quente e Arriscado

As ICOs foram e continuam sendo um setor quente e arriscado do universo de cripto. Conforme mencionado no segundo capítulo, você deve ter cuidado com elas. Houve comparações com a bolha das pontocom (1997-2001), mas as pessoas também devem ter em mente que as bolhas das pontocom proporcionaram a oportunidade para mega empresas como o Ebay e o Google se expandirem.

Respostas Necessárias

Como um investidor informado, você deve revisar se o projeto realmente requer a tecnologia blockchain. O projeto da ICO pode ser feito sem fazer parte de um blockchain? em caso afirmativo, esta ICO pode ser apenas uma tentativa de entrar na tendência da ICO.

Algumas das outras perguntas que devem ser respondidas por qualquer ICO: Qual é o objetivo da moeda? Qual problema ela resolve? É realmente um problema? Você também precisará verificar se o problema que elas planejam resolver ainda não foi resolvido por outra moeda. Isso ocorre porque, ao ler alguns papéis brancos, você perceberá rapidamente que está lidando com um clone de outra moeda.

IDENTIFICANDO OS GOLPISTAS DE ICOS!

Alguns dos melhores sinais de alerta de que você está lidando com golpistas

- É difícil entrar em contato com eles. Os números de telefone que eles possuem não podem ser encontrados com uma simples pesquisa na internet
- A apresentação geralmente é curta (menos de 10 páginas), preenchido com erros básicos de gramática ou ortografia
- A qualidade do site é baixa ou eles usaram algum serviço gratuito para construí-lo
- Seu "sobre nós" e detalhes de registro são questionáveis ou estão ausentes

- O CEO ou consultores não podem ser encontrados no LinkedIn ou em outros canais profissionais

Tenha Cuidado Com Sites Que Analisam ICOs

Em sua maioria, as ICOs não são regulamentadas, o que leva muitas pessoas a visitarem sites de análises de ICOs para obter uma segunda opinião. Os investidores inexperientes confiam especialmente nas plataformas de análises das ICOs ao buscar informações. As plataformas de análises sempre foram suspeitas entre os especialistas porque é fácil comprar classificações da ICO. Basicamente, as classificações fornecidas nem sempre são independentes.

"Avaliações da ICO de especialistas" é o que algumas plataformas de classificação da ICO podem anunciar em seus sites para ganhar a confiança dos investidores que procuram informações. Uma boa divulgação, mas as investigações dos sites mostraram que as classificações e visibilidade da ICO nem sempre são imparciais. Os resultados são assustadores, você paga para jogar! Muitas plataformas nada mais são do que sites de marketing que vendem para quem está disposto a pagar. Eles costumam oferecer serviços prioritários em troca de pagamento. Resumindo, leia os comentários sabendo que eles podem ter sido comprados.

ARMADILHAS A SEREM EVITADAS AO FAZER A TRANSAÇÃO
De Trading Forex Para Criptomoedas

Como fazer uma transição bem sucedida de forex para criptomoeda é um desafio para muitos traders. Muito do que vou compartilhar é baseado principalmente na minha experiência com a transição para criptomoedas. Portanto, não é de forma alguma o único caminho.

A primeira coisa a ter em mente é que muito do que você sabe sobre negociar spot forex pode ser aplicado à criptomoeda, mas existem algumas diferenças cruciais. Essas diferenças, se ignoradas, podem ser fatais para sua conta.

O fato mais importante que os traders de forex devem aceitar é que eles não estão lidando com moedas fiduciárias como o euro ou o dólar americano. As criptomoedas não têm curso legal em nenhum país, elas não são moedas no sentido tradicional. Em outras palavras, se você for à cafeteria local, eles não precisam aceitar Bitcoin como pagamento. Agora, se o café fosse em Madrid e você tivesse euros, eles teriam que aceitá-lo porque o euro tem curso legal na Espanha. As criptos também estão sujeitas aos caprichos regulamentares de um governo. Um país, com poucos avisos, pode proibir uma cripto ou troca de cripto. Por outro lado, este não é um risco diário com as moedas fiduciárias. É extremamente improvável que você acorde amanhã com a notícia "A negociação do dólar americano foi proibida nos EUA" ou "O estado de Nova York declarou ilegal para os residentes negociar na NYSE."

A outra questão com a qual estamos lidando é a tecnologia. As criptos podem ser programadas e não tenho conhecimento de qualquer moeda fiduciária programável. Também descobrimos que várias criptomoedas não foram capazes de cumprir suas capacidades declaradas ou prometidas. Isso nem inclui os casos em que houve fraude absoluta.

Novas Regras Para Notícias de Trading

As estratégias normais de notícias econômicas de trading em moeda estrangeira não se aplicam diretamente. Por exemplo, um relatório da Folha de Empregos Não-Agrícula ou um anúncio de taxa de juros do Banco da Inglaterra terá pouco ou nenhum impacto sobre o Litecoin. No entanto, sua experiência em lidar com as reações das notícias pode ser aplicada a criptomoedas, por exemplo, um conceito familiar a muitos traders de forex é a reação exagerada do mercado às notícias. A reação exagerada às notícias é quase um clichê no comércio de criptomoedas porque a maioria dos traders são novos e não estão familiarizados com a volatilidade do mercado. Além disso, você tem níveis de loucura absurdos que me fazem coçar a cabeça quando ouço as histórias de pessoas que estouraram os cartões de crédito apenas para comprar Bitcoins. Se eu estivesse em uma situação como essa, acho que também estaria exagerando.

Análise Técnica Com Retorno de 25.000%

Na frente da análise técnica, muito do que você já deve saber sobre suporte e resistência é útil. A novidade é que você precisará suspender a interpretação estrita dos níveis de suporte/resistência. Você tem criptos que podem facilmente pular 100% ao mês e com muitos indicadores técnicos isso seria considerado massivamente sobrecomprado, no entanto, com as criptos uma certa suspensão da descrença é necessária. Uma prova disso, o Pantera Bitcoin Fund retornou mais de 25.000% (lançado em 2013) ou o Ripple com 35.000% de retorno em 2017. Não são erros de digitação, ambos são facilmente comprovados com uma simples pesquisa no Google. A melhor maneira de lidar com movimentos como esses é reconhecer que o que está acontecendo não deve acontecer, mas está. Como já escrevi, estamos em um novo universo de cripto que se expande e muda a cada dia. Hoje, o que é legal pode, de repente, ser ilegal amanhã. O que você leu e presumiu ser verdade pela manhã, pode se tornar uma "notícia falsa" na hora do almoço.

As baleias do Bitcoin e criptos em geral são um fator real para se lidar. Conforme mencionado anteriormente, elas controlam mais ou menos 40% do mercado. Isso é inédito em qualquer outra classe de ativos. Essas baleias, dependendo de seu humor, podem destruir suas semanas de análise e estratégia cuidadosamente planejadas.

A entrada de participantes do mercado institucional, por exemplo, Goldman Sachs e outros, trará dinheiro "inteligente" para o mercado, mas especialmente liquidez. Quando eles entram no mercado com grandes quantidades de capital, isso sinaliza para outros participantes do mercado que as criptomoedas devem ser levadas a sério. No geral, isso é melhor para os traders, pois ajudará a amadurecer o mercado junto com os outros benefícios mencionados.

A Bolsa de Valores de Nova York (NYSE) sinalizou no início de 2018 que estão investigando o lançamento de uma plataforma que permitirá que clientes institucionais negociem e armazenem Bitcoins. Esta notícia por si só pode sinalizar e formar a base de uma maior valorização do preço do Bitcoin e das criptomoedas em geral no longo prazo.

Morte do Purista

Ser um purista da análise fundamental ou técnica só deixará você com uma conta de baixo desempenho. Portanto, você precisará de uma estratégia de gerenciamento de risco robusta usando muitas das ferramentas que devem ser familiares a você. Você gerencia o risco tendo como base minha regra não negociável de conseguir sobreviver ao fracasso, o que significa negociar apenas o que você pode perder. A partir daí, você adiciona um portfólio diversificado de criptomoedas e só negocia aqueles com boa liquidez.

EXCHANGES DE CRIPTOS:
Front-running e Preços

Lidar com as exchanges é uma parte do trading e com as criptos existem algumas questões que muitos investidores desconhecem. O lado positivo é que, com o mercado 24 horas 7 dias da semana, você pode negociar sempre que quiser. A lado negativo é o front-running de suas negociações com as exchanges. O front-running é quando um corretor entra em uma negociação antes de seus clientes, isso geralmente é feito antes de uma grande negociação que provavelmente influenciará o preço de uma cripto, ação, etc. Isso é antiético e ilegal nos mercados regulamentados. Muito do mundo das criptos não é regulamentado, portanto, as exchanges têm espaço para brincar. É de conhecimento geral que essa prática é bastante difundida no mercado. Na maior parte, isso é feito com negociações grandes porque há mais incentivos para lucrar com o front-running. Se você está negociando micro quantias de Bitcoin, isso realmente não deve afetá-lo.

Preços e Spreads

O outro assunto polêmico com as exchanges é o preço. Normalmente, em exchanges regulamentadas, por exemplo com ações, você geralmente obterá os melhores preços de compra e venda. Isso é muito mais difícil de conseguir com os mercados de cripto porque a oferta é muito fragmentada. O preço real que ela será executada varia amplamente de acordo com a exchange que você utiliza como parceiro comercial. Uma das variáveis importantes incluem o quão robusto é o mecanismo de combinação que elas usam. Um mecanismo de combinação de negociação é o software usado pelas exchanges eletrônicas, que combina lances e ofertas para concluir as negociações. Algoritmos são usados para executar a alocação. Além dos dois problemas principais que abordei, você também pode ter problemas de latência se estiver rodando um algoritmo.

Um spread é a diferença entre o preço de compra e venda. Os spreads para criptos em comparação com outros mercados são enormes. Tão grande que foi uma das áreas de reclamações mais polêmicas no evento de cripto trader que participei recentemente na cidade de Nova York. Como vimos em outros mercados, a expectativa é que os spreads diminuam com o tempo.

Nada disso foi citado para esmagar as exchanges, mas sim um alerta para os traders. Isso é especialmente importante para novos traders e investidores, que muitas vezes não estão cientes do que estão fazendo ao abrir uma negociação. As exchanges desempenham um papel importante no mercado e lembre-se de que o mundo das criptomoedas permanece relativamente novo e há muito espaço para melhorar.

SEGURANÇA PARA SUA CONTA

Com o criptos, a maior parte da responsabilidade pela segurança é sua, o usuário individual. Se você optar por usar uma exchange, elas desempenharão seu papel, mas no final você é o responsável. Uma das razões pelas quais a segurança é um problema tão grande com transações de blockchain é que elas são imutáveis e não podem ser canceladas depois de feitas. Por exemplo, você envia fundos para outra parte por engano, a menos que eles desejem devolvê-los, você deve considerar os fundos perdidos. Este é um benefício e risco das criptomoedas.

Por Que é Necessário Um Capítulo Inteiro Sobre Segurança?

Mais de $1 bilhão foi roubado em criptomoedas nos últimos anos. O maior roubo foi em Coincheck, 2018, com um prejuízo de $500 milhões, a conhecida Mt. Gox 2014, teve uma perda estimada de $480 milhões, e a Parity Wallet 2017, uma perda estimada de $155 milhões. Este são apenas exemplos e incluí apenas *roubos* conhecidos.

Alguns dos Ataque Padrões Comuns

- Phishing: detalhes do usuário, incluindo 2FA (dupla autenticação), são roubados em um site falso, normalmente por e-mail. Os detalhes são posteriormente inseridos no site real após serem capturados do site falso.
- Os vírus de chaves de registros rastreiam as credenciais do usuário quando ele faz login e, em seguida, compromete a conta.

- Os vírus de copiar e colar sequestram sua função de colar, fazendo com que você insira o endereço de um invasor ao transferir fundos.
- Os sites de ICO foram copiados e substituídos por golpistas, portanto, seja extremamente cuidadoso ao participar de ICOs. Verifique se elas são legítimas.

Práticas de Segurança Médias a Avançadas

- Não seja alvo de phishing. Nunca clique em um link e faça login com um e-mail
- Não use seu e-mail habitual na sua conta de trading de cripto
- Sempre use Dupla Autenticação em todos
- Use e-mails diferentes para cada exchange de criptomoeda
- Use um software antivírus confiável e evite sites questionáveis que podem comprometer o seu computador
- Remova as moedas que você não planeja negociar no curto prazo da exchange
- Use um computador separado que seja usado apenas para trading de cripto
- Mantenha o máximo de moedas possível em uma carteira de hardware
- Aplicativos de carteiras em seu computador são bons, mas faça backup das chaves privadas

Cryptojacking?

Esta é uma das formas mais novas de má conduta de cripto. Ela envolve o uso de um computador para minerar criptomoedas sem a permissão do proprietário. Para ser mais direto, seu computador é sequestrado para trabalhar na mineração de cripto de alguém.

Os bandidos executam o esquema carregando um programa em seu computador por meio do navegador ao visitar algum site comprometido. Pouco depois, seu computador começa a resolver problemas computacionais que geram recompensas de mineração de criptomoedas para os ladrões de criptomoedas. Como você pode imaginar, eles não compartilharão suas recompensas com você.

Sua Defesa

Fique de olho no gerenciador de tarefas do seu computador. Existem várias extensões de navegador que ajudarão em seus esforços de segurança, uma delas é o MinerBlock do Chrome. Ele bloqueia mineradores de criptomoedas com base no navegador.

O NOVO MUNDO
das Criptomoedas Apoiadas Pelo Governo

Não demorou muito para que a febre da criptomoeda começasse a contagiar governos em todo o mundo. Vários deles anunciaram recentemente suas intenções de emitir suas próprias criptomoedas. Esta é uma reviravolta surpreendente para aqueles que podem ter interesse em sufocar a disseminação das criptomoedas.

O Cenário

A Venezuela lançou sua criptomoeda apoiada pelos recursos do país, que consiste principalmente em petróleo e gás. Ela é chamada de Petro e imita algumas das características do Bitcoin. A Venezuela, como muitos sabem, está sofrendo de uma longa lista de problemas econômicos. As sanções americanas não ajudaram a situação e o presidente Nicolás Maduro não fez nenhuma tentativa de esconder seu objetivo de que a criptomoeda Petro fornecerá uma nova forma de contorná-los.

A Rússia também anunciou seu objetivo de introduzir a cripto Ruble. O objetivo é semelhante ao da Venezuela, que é contornar as sanções atuais ou futuras. A Rússia, entretanto, não está na mesma emergência econômica que a Venezuela. Pelo que pesquisei e ouvi, eles têm uma atitude mais como, vamos esperar para ver no que dá, ao contrário da Venezuela que já lançou.

Para não ficar de fora, até o Banco da Inglaterra (BOE) revelou recentemente que está explorando a opção de sua própria cripto apoiada pelo BOE. Só posso imaginar que muitos outros bancos centrais também estão investigando a possibilidade de suas próprias moedas digitais.

A Reação

A atitude geral no universo da cripto e no meu é que essa jornada adiante possui várias barreiras ideológicas e práticas. A mais óbvia é que, se essas criptos governamentais forem realmente destinadas a substituir o Bitcoin ou qualquer criptomoeda, elas contradiriam algumas das características mais centrais do mundo das criptos, que é ter um livro-caixa descentralizado e sem concessão. Sem concessão é especialmente inegociável para os entusiastas de criptomoedas. Só isso já será um conflito entre as partes, porque uma das coisas que os governos consideram irresistível é o gosto pelo controle. Em essência, com essas criptomoedas apoiadas pelo estado, eles estão brincando de disfarçar digitalmente sua moeda fiduciária. Você não gosta do Euro? Não tem problema, agora temos para você em formato de cripto. Eles mudaram o nome e a embalagem, mas o DNA do controle governamental permanece. Muitos mencionaram outro ponto óbvio, se o sistema for hackeado (podemos garantir que haverá tentativas constantes), quem cobre as perdas? Os governos estão prontos para começar a pagar compensações assim que a caixa de Pandora de criptomoedas apoiadas pelo estado abrir?

O Lançamento

Desde o lançamento da moeda Petro no segundo trimestre de 2018, os operadores do mercado estão de olho na Venezuela. A recepção do mercado até agora tem sido mista, mas ainda é muito cedo para se aprovar o veredicto final. Tenho certeza de que os hackers também estavam ansiosos pelo lançamento. Meu conselho ao governo venezuelano, se eles estiverem abertos às minhas sugestões, "sobreviva ao fracasso." Do ponto de vista purista da criptomoeda, qualquer criptomoeda centralizada é um jogo de disfarce e não é viável.

O QUE ESPERAR DAS
Criptomoedas no Futuro Próximo

Estas são expectativas propositalmente de curto prazo, porque, na minha opinião, fazer afirmações de longo prazo sobre criptomoedas é tolice. Estamos nos estágios iniciais da mudança de uma crença total, antes inquestionável, das moedas emitidas pelo governo para o potencial que as criptomoedas têm a nos oferecer. Assim como acontece com as moedas fiduciárias, a crença e a confiança no sistema são essenciais. Os ganhos quase inacreditáveis que muitas das criptos experimentaram é uma mistura de muitos fatores, incluindo notícias, especuladores e a proposição de valor das moedas individuais. Eu diria ainda que o aumento da confiança do público em geral e do setor financeiro institucional é o principal fator. Por exemplo, em 2017, a empresa francesa Tobam lançou o primeiro fundo mútuo Bitcoin na Europa. O fundo sendo o que é, pode mudar, portanto aperte o cinto! Porque para todos os mais de 900% de ganhos, o mercado pode facilmente produzir quedas muito dramáticas se questões negativas em relação à confiança reaparecerem no ecossistema das criptomoedas.

Menos Loucura da ICO

A loucura da OIC perderá parte da mentalidade irracional da corrida pelo ouro e veremos um auto policiamento aprimorado dos atuais operadores do mercado. Já estamos vendo uma repressão por parte de reguladores nos Estados Unidos, Europa e em outros lugares. Os regulares públicos e governamentais têm limites sobre o que irão tolerar. Também estamos vendo mais; pesquisas, identificação e missão de repressão de autoridades em todo o mundo sobre os vigaristas da ICO. Esta é uma ótima notícia para a maioria das pessoas, os golpistas estão obviamente infelizes.

Mais Regulamentos

Recentemente, fui informado da quantidade de agências que reivindicam jurisdição sobre as criptomoedas. Apenas nos Estados Unidos, você tem o FinCEN do Departamento do Tesouro, a Comissão de Valores Mobiliários e Câmbio e o Serviço de Receita Federal. A história fica mais bizarra, porque não há nem acordo entre os reguladores sobre o que é Bitcoin. Por exemplo, o IRS o trata como propriedade e a Comissão de Negociação de Futuros de Commodities diz que é uma mercadoria. Para os participantes do mercado, isso só aumenta a confusão. Mesmo com a confusão, para aumentar a confiança do varejo e dos mercados institucionais mais amplos, é necessária uma regulamentação mais adequada para esse mercado em crescimento. Isso também deve incluir punição rápida e robusta para aqueles que se envolvem em má conduta.

Com as regulamentações, você frequentemente descobrirá que há um padrão que segue as inovações do mercado, como as criptomoedas. Primeiro, temos o Velho Oeste, seguido por um excesso de regulamentação para acalmar o público. Mais tarde, os cabeças frias prevalecem e há uma reversão de algumas regras e, finalmente, terminando com um equilíbrio viável.

Aplicação Prática Expandida de Criptos

O mito número um e, na minha opinião, o maior sobre os criptomoedas, é que elas não têm aplicações práticas. A realidade é que várias das principais moedas são aplicadas na vida real e estão relacionadas à melhoria de setores existentes no mercado. As empresas legadas que promovem esse mito de "aplicações não práticas" raramente ficam felizes com inovações que não vieram delas mesmas e são rápidas em desacreditar de qualquer desafiante.

Em janeiro de 2018, a empresa de transferência de dinheiro MoneyGram concordou em testar o Ripple devido à sua velocidade na execução de transações. O Ripple foi projetado para acelerar transferências de dinheiro e transações internacionais. Isso reduz o tempo e os custos de transferência de dinheiro. Como foi apenas um teste, teremos de esperar pelos resultados finais, mas isso prova claramente que existem aplicações no mundo real.

Outro exemplo é quando o Ethereum foi usado para executar uma transação imobiliária. Isso virou notícia quando o fundador do TechCrunch a usou e um contrato inteligente* para comprar um apartamento na Ucrânia sem a necessidade de viajar para o país.

*Contratos Inteligentes: pode gerenciar acordos entre pessoas, executando os termos de um contrato quando os termos e condições mutuamente acordados são atendidos.

Maior Uso de Criptomoedas nos Mercados Emergentes

Provavelmente veremos a disseminação contínua de criptomoedas nos mercados emergentes. Isso ocorre porque os criptomoedas não são controlados por nenhum país ou diretamente vinculadas a qualquer moeda com curso legal do governo. A aplicação prática disso significa que, se um governo instável entrar em colapso, o valor de uma criptomoeda como o Bitcoin, na maioria dos casos, permanecerá intocado. Este benefício pode parecer desnecessário para o seu país ocidental desenvolvido, mas em países instáveis, o recurso de descentralização das criptos tem um uso muito real e prático.

Esperando para ver mais de

O que estou esperando ansiosamente para ver mais em um futuro próximo da criptografia.

1-As exchanges irão aprimorar a segurança e sua capacidade de lidar com os picos de demanda. Mesmo que as negociações de criptografia não sejam submetidas ao mesmo nível de escrutínio que as negociações tradicionais, daqui para frente esse problema de segurança se tornará cada vez mais difícil de manter. Por quê? O cenário da cripto tem histórias tristes o suficiente de hackeamentos com milhões sendo roubados. Nenhuma região do mundo pode apontar o dedo. Isso acontece no Oriente e também acontece no Ocidente, tanto para grandes quanto para pequenas exchanges. Em contraste com os fundos em seu banco local, se sua conta for hackeada em uma exchange, há poucos recursos para recuperar seus fundos e, no momento em que este livro foi escrito, não havia seguro disponível. Todo mundo sabe que os hackers estão em uma caçada dedicada às contas de criptomoeda, portanto, a defesa precisa ser intensificada. As ameaças internas são outra dor de cabeça. Elas variam de informações privilegiadas a outras más condutas financeiras de funcionários.

Várias exchanges reguladas e maiores sofreram com a demanda por novas contas durante as recentes explosões do mercado. Elas conseguirão passar desta vez, mas quantas vezes mais o público ou aqueles que estão no poder permanecerão tão indulgentes?

2- O outono de 2017 viu o lançamento do mercado futuro do Bitcoin e será interessante ver como isso se desenrola. O público tem pedido um mercado mais regulamentado, bem, negociar em um mercado de futuro tem tudo a ver com regulamentos. Esta é também a primeira vez que os traders de Bitcoin podem fazer uma cobertura de sua posição em um mercado regulamentado. Eles agora podem tomar o outro lado do mercado, operando a descoberto.

3- Mais moedas que eliminam a necessidade de mineradores. Atualmente, a maior parte da mineração de Bitcoin é feita por um punhado de empresas. Não é uma situação saudável para o mercado, pois eles podem usar essa influência de maneiras indesejáveis.

4- As melhorias na velocidade das transações parecem estar chamando a atenção de muitos influenciadores do setor. Mesmo para os fãs do Bitcoin, o ritmo relativamente lento de uma transação de rotina pode ser um problema. Existem várias criptos que estão enfrentando esses desafios e estou animado para ver como suas histórias se desenvolvem.

ZONA DE NEGOCIAÇÃO DE CRIPTO

Introdução

Este é um conteúdo que trata especificamente da negociação de criptomoedas. Ele será especialmente útil para quem não tem experiência em trading. Para aqueles que já estão negociando, ele fornecerá alguns insights extras sobre o mercado de cripto.

TRADING DE BITCOIN E ALTCOIN

As criptos fornecem volatilidade, como traders nós amamos isso, é uma doce melodia para nossos ouvidos. Por quê? Se você fizer uma transação e nada acontecer, você acaba precisando pagar o spread ao seu corretor por nada. Negociar é um comércio (ou você deveria tratá-lo como tal), para você recuperar o custo da transação (o spread) você precisa e deseja volatilidade.

Rumores e pânicos aumentam a volatilidade. Também pode haver extrema sensibilidade às notícias, movimentos diários de 20% não são incomuns. No outono de 2017, mesmo para os padrões de cripto, a volatilidade que vimos foi surpreendente.

Vantagens

Normalmente, não há valores mínimos de negociação, em contraste com as ações, commodities ou spot forex. Você também pode vender a descoberto, portanto, um mercado em alta ou em baixa está bom para você. Outra vantagem é que você pode negociar diretamente com as exchanges, os corretores não são obrigatórios. Você pode negociar 24 horas por dia, 7 dias por semana, que é ainda mais horas de negociação do que o spot forex. Obviamente, a liquidez não é igual ao longo do dia, alguns momentos do dia são mais líquidos do que outros.

Day Trading

Faça o day trade com cuidado! Por enquanto, você está negociando principalmente contra operadores inexperientes, mas o cenário está mudando. No outono de 2017 houve o lançamento do primeiro fundo mútuo de Bitcoin da Europa na França. Também há relatos de vários fundos de cobertura e privados com enormes recursos se preparando para entrar no mercado.

Ritmo do Mercado

Entrar na "hora perfeita" com Bitcoins e criptomoedas não é realista. O que está acontecendo com os ganhos semanais de dois dígitos, não deveria acontecer, mas está. Usar análises ou fundamentos estritamente técnicos irá decepcionar você. Procure comprar nas quedas por pânico, os saltos do Bitcoin depois das quedas por pânico tiveram sido muito lucrativas. Uma tática para lidar com a volatilidade é ter alertas de preços definidos para movimentos notáveis nos preços. Eu sugiro fortemente que você acumule gradualmente, a riqueza da criptomoeda leva tempo. Ignore, tanto quanto possível, a loucura que está acontecendo. Se a posição da sua cripto subir mais de 100%, pegue alguns lucros. Se você não tinha uma posição, depois de um grande salto, compre nas retrações. As melhores oportunidades existem para os mais informados e menos emotivos. Isso é verdade, especialmente em uma arena com traders de cripto que não enfrentaram quedas de 40-50%.

Alavancagem

Alavancagem? Use com cuidado e apenas com entidades que oferecem stop loss confiáveis. O Bitcoin e as criptos em geral, são ativos que podem se mover de 20 a 30% (em qualquer direção) em alguns dias, portanto, sua conta pode explodir facilmente. Você perde dinheiro quando é retirado, e isso pode acontecer facilmente com alta alavancagem. Resumindo, fique no jogo e faça qualquer venda a descoberto de longo prazo com extrema cautela... tenha em mente todas as "mortes" no Bitcoin.

Antes de Investir em ICOs, Lembre-se

Lembre-se de que, com relação às ICOs, ninguém sabe ao certo qual delas vai decolar. Se você investir em 5, há uma boa chance que 3 a 4 falhem. Mas aquela que decolar retorna 10x ou mais. 10x significa que se você investiu $10 milhões, você gerou $100 milhões no total quando vender.

Uma pequena dica: com a ICOs ou transações básicas, envie pagamentos fracionados para testar as transferências. Pratique enviar 0,001 nas primeiras transações, você pode ir para 8 casas decimais com o Bitcoin.

Você precisa estar ciente que muitos dos empreendimentos recentes apoiados por capital de risco ainda não lançaram seus produtos no mercado. Além disso, os usos completos do BTC e altcoins estão apenas sendo explorados. Muitos acreditam, com razão, que o Bitcoin será ultrapassado em valor por outra moeda. Seu pressuposto é que, raramente na tecnologia, o primeiro a se mover continua a ser o jogador dominante após 5, 10 anos. Resumindo, estamos nos primeiros dias das moedas digitais.

TÁTICAS DE NEGOCIAÇÃO

Aqui, examinaremos as principais razões pelas quais os traders perdem dinheiro e, o mais importante, exploraremos as soluções.

Expectativas Irrealistas: É importante, ao entrar no mercado de investimento, assim como em muitas coisas, que se tenha uma ideia realista daquilo com que está lidando. Expectativas irrealistas podem assumir a forma de alguém começando com uma conta de mini-trader de 1.000 ou talvez 2.000 USD e esperando riquezas da noite para o dia.

Você pode até começar com 100 ou 200 dólares, o que já é bom. Não há nada de errado com o valor, mas esses mesmos traders de 100 ou 200 dólares esperam ter 1.000 ou 2.000 dólares em suas contas dentro de alguns dias. Existem empresas que realmente mencionam isso ou até prometem que podem fazer isso. Embora eu não esteja dizendo que é impossível, estou dizendo que é irreal. É essencial que você tenha uma noção da realidade em sua negociação.

Nenhum Plano: Muitas pessoas dizem que "não planejar é planejar falhar", com planejamento, seu investimento está alinhado com seu cronograma e os resultados que você espera receber. Um plano de negociação é essencial, porque sem ele você está se preparando para perdas potencialmente enormes. Sem um plano, não adianta entrar no mercado de investimento.

Muito Risco: Pode ser uma pessoa com 100 dólares em sua conta ou até 100.000. Não é o valor que é crítico, mas sim o valor que você está arriscando em relação aos fundos disponíveis. Você começa da posição de "sobreviver ao fracasso". Este conceito se baseia na ideia de que suas perdas não devem ser catastróficas. Por exemplo, cada posição não deve usar mais do que 5 ou 6% do seu capital de risco disponível. Isso também significa que, se a alavancagem for usada, ela deverá ser de um valor baixo.

Confundir Negociação Com Investimento: Em meus anos como bancário, tive que salientar repetidamente para inúmeros clientes que eles não deveriam confundir os dois. Negociar significa ganhar dinheiro a curto prazo, é uma atividade geradora de renda, você está entrando e saindo de negociações. O investimento é mais de longo prazo e geralmente tem prazo mínimo de um ano. Pode ser que alguns de seus objetivos de investimento sejam derivados de suas negociações, mas não os confunda. Pode parecer básico para alguns, mas falando por experiência em aconselhar clientes globalmente, ainda há muitos por aí que confundem negociação e investimento.

Soluções:

Tudo bem em falar sobre problemas e desafios, mas obviamente precisamos ter algumas soluções.

Baixa Alavancagem: Para evitar o problema de muito risco, uma solução comprovada é usar baixa alavancagem. Você mantém a alavancagem baixa porque lhe dá tempo para pensar, para reagir com mais eficácia, e você não é tão sensível às mudanças no mercado.

Scaling In e Scaling Out: Scaling in e scaling out é um dos meus favoritos. Eu uso com investimentos e também em minhas negociações. A teoria por trás do scaling in e scaling out é que você permite que o mercado lhe diga que caminho seguir, é simples assim. Por exemplo, pretendo comprar 250 altcoins do GCMS depois de ter feito minha análise técnica e fundamental. Como começar? Eu começaria com uma posição de 25 ou 50 moedas e permitiria que o mercado confirmasse se estou no caminho certo. Se eu comprasse moedas GCMS por 100 dólares e elas subissem para 125 por moeda, ótimo, o mercado está confirmando que tomei a decisão correta. Neste exemplo, se eu começar com 25 moedas, adicionaria outras 25 ou 50 e repetiria o processo até atingir minha meta de 250 moedas.

Alguns podem dizer que perdi um pouco na jogada de 100 para 125, e de uma forma eu perdi um pouco, mas também estou mais seguro em minha decisão sendo paciente. No reverso, voltando ao scaling out, vamos imaginar que o mercado tivesse voltado contra mim, em vez de ter 250 moedas em risco inicialmente, teria sido apenas 25. Obviamente, isso é um perde-ganha, mas por experiência, é para a vantagem de quem está scaling in e scaling out.

Outro exemplo, digamos que você comprou 100 moedas a 100 dólares cada e o preço cai de repente para 90. O que eu sugeriria, em vez de vender tudo imediatamente, é que você considere vender apenas 25 ou 30 porque a queda pode ser devido a uma reação exagerada no mercado. Há várias coisas que podem estar em jogo, por exemplo, um boato falso, e mais uma vez, você estará permitindo que o mercado o direcione para o caminho correto. Claro, se o preço continuar a cair, então você decide sobre uma saída final se isso for além do seu stop loss mental.

Negociar no Mercado Líquido: Negociar em mercados líquidos é algo que não posso enfatizar o suficiente. Ter uma negociação do tipo long shot (com capital de ultra-risco) é bom, desde que você esteja ciente do risco. No entanto, para uma negociação regular, as criptos com baixa liquidez pelos padrões das criptomoedas não são minha primeira escolha. A liquidez é crítica, especialmente para um trader, um investidor não é tão sensível ao tempo, mas se você está negociando onde pode precisar fazer movimentos repentinos, você deseja manter criptomoedas líquidas.

Líquido, para ficar bem claro, é a capacidade de entrar e sair da negociação com facilidade. Estar em uma negociação e ter lucros no papel é maravilhoso. No entanto, quando chega a hora de converter os lucros do papel em lucros reais e você não consegue, isso acaba sendo uma piada de mau gosto, pois você só pode assisti-los, o que não é muito legal. Por outro lado, se você está em uma posição de perda e não consegue sair dessa, isso se torna um pesadelo. Eu não me importo com quem esteja lhe dando dicas ou que blog você está lendo, você deve negociar criptomoedas líquidas, não há outra maneira.

Selecionando as Criptomoedas: Selecione algumas e conheça-as bem. Como você pode imaginar, nenhum trader está negociando 600 moedas diferentes ao mesmo tempo. Muitas pessoas começam negociando as criptos mais conhecidas, Bitcoin, Ethereum, por exemplo. Depois de um tempo, negociando algumas criptos, elas se tornarão familiares para você e você terá uma noção mais profunda de como elas se movimentam.

JUNTANTO TUDO

Os traders devem ter um sistema. Vamos examinar e conectar os diferentes aspectos de um sistema de negociação.

Plataforma de Negociação: Selecionar sua plataforma de negociação é importante porque a plataforma é o veículo que você usa para conduzir a negociação. Como a negociação é on-line, é essencial que você use uma plataforma que corresponda ao seu estilo. Pode ser uma plataforma de multi-ativos ou mais básica. Você deve conhecer o provedor por trás da plataforma. Com as criptomoedas, você tem a opção de usar uma plataforma de negociação ou negociar diretamente com uma exchange. Novas exchanges estão surgindo regularmente no mercado e dependendo do país, você precisará ter cuidado. Eu sugiro que você tenha a recomendação de um amigo ou de um consultor de cripto confiável.

Metas: Sem metas, é realmente difícil começar a negociar. A analogia que ouvi e gosto de usar, em relação às metas, é que sem elas seria o equivalente a ir até a bilheteria de uma ferroviárias e apenas dizer "me dá uma passagem!" e, claro, eles perguntariam "uma passagem para onde?"

As metas de curto prazo podem ser metas de lucro mensal ou semanal, elas são individualizadas. As metas devem corresponder ao seu estilo e à quantidade de capital de risco disponível para negociação.

As metas de longo prazo geralmente estão relacionadas à sua estratégia de investimento. Elas também estão relacionadas às suas metas de curto prazo, porque as metas de longo prazo devem ser baseadas nas metas de lucro de curto prazo. Deve haver uma combinação, porque se você tem uma meta semanal de 100 dólares e uma meta mensal de 1.000, então há uma discrepância que precisa ser resolvida.

Preparação Mental: Você precisa estar psicologicamente pronto para negociar. Se você está prestes a negociar e está tenso ou nervoso, você precisa dar um tempo. Vá meditar, faça algum exercício, faça outra coisa, mas é importante que você não negocie até que esteja psicologicamente pronto.

Com a negociação, você deve ter a mentalidade de não levar as coisas para o lado pessoal. Remova as emoções da negociação, o objetivo é simplesmente ganhar dinheiro.

Conheça a sua tolerância ao risco: Quanto você está disposto a arriscar em cada negociação? Isso é importante, lembre-se da regra de ouro número um dos traders, "sem dinheiro, sem negociação." Não importa o que alguém diga a você, se não houver dinheiro, não há negociação e isso deve ser levado a sério. Isso está ligado com sua tolerância ao risco, por exemplo, ter um saldo de 10.000 USD e você quer arriscar 1%, o valor é 100 dólares. O que significa que o seu capital de risco, independentemente do que você está negociando, quando você define seu stop loss (mental ou em uma plataforma), não deve exceder 100 USD.

Faça sua devida diligência: Um novo dia começou e seu computador está ligado, o que aconteceu durante a noite? O que aconteceu nos mercados de cripto? Você deve estar ciente das notícias que surgiram durante a noite e, mais importante, de como os mercados reagiram a elas. Às vezes, o que em teoria deveria ser uma boa notícia, os mercados podem surpreender com uma reação negativa.

Como Selecionar Seu Nível de Entrada: Saber seus pontos de entrada significa que você tem um bom motivo para cada negociação que executa. Se você não tiver um bom motivo, sugiro que pegue seus fundos e os entregue a uma instituição de caridade. Ao selecionar seu nível de entrada, você precisa de uma boa taxa de risco-recompensa e isso deve corresponder à sua tolerância ao risco. A análise técnica/fundamental também é levada em consideração. Os níveis de suporte e resistência, notícias, são essenciais antes de executar qualquer negociação. Se você está negociando criptos, você precisa estar ciente de onde estão as linhas de suporte e resistência para o período de tempo em que você está negociando.

Saiba Seus Níveis de Saída: Qual é a sua meta de lucro, mil dólares ou um pouco menos? Você precisa estar ciente disso. Quando você está configurando as paradas para controlar as perdas, a primeira coisa a fazer é garantir que elas estejam dentro dos seus parâmetros. Da mesma forma que o seu nível de entrada, você deve saber a análise fundamental, os níveis de suporte e resistência, e outra regra de ouro dos traders "corte suas perdas e deixe os lucros entrarem." Muitos traders dizem que os lucros cuidam de si mesmos, mas você deve ficar de olho nas perdas.

Mantenha um Diário: Isso pode não ser para todos, mas é algo que eu uso para registrar minhas negociações. Ele inclui várias coisas, onde eu entrei na negociação, meu nível de saída e por que achei a negociação uma boa ideia quando entrei. Na revisão do seu diário, se houver padrões, você começará a detectá-los. Você pode remover um padrão que não está funcionando ou expandir um que esteja. Isso ajuda você a ajustar suas negociações.

Reveja os Seus Resultados: Reveja seu lucro ou prejuízo do dia. Isso é importante porque, embora negociar possa ser divertido, não deixa de ser um negócio e o objetivo é obter lucro. Se, ao analisar o seu lucro/prejuízo, descobrir que isso não era o que você tinha em mente, o seu dever é descobrir porquê. Você também precisa saber o que está por trás de seus bons resultados. Talvez tenha sido pura sorte e, se for esse o caso, ótimo, mas a sorte normalmente não é uma estratégia sustentável de negociação. Eu sugeriria, como faço em minhas negociações, fazer uma revisão de seu diário. Foi uma notícia de mercado? Ou era o tamanho das posições? Esses fatores podem influenciar os resultados.

FERRAMENTAS DE ANÁLISE TÉCNICA DE CRIPTO

O ponto-chave para ganhar dinheiro com a análise técnica é identificar a tendência e negociar junto com ela. As tendências revelam para onde os preços provavelmente irão no futuro. Se a tendência de uma cripto estiver subindo, você precisará comprar a cripto para ganhar dinheiro. Se a tendência de uma cripto está começando a cair, você precisa vender a cripto para lucrar. Se a tendência de uma cripto é lateral, sem uma direção clara, você precisa dar ordem de contingência (não negociações) ou esperar até que uma tendência clara de alta ou baixa seja estabelecida antes de negociar. Não é recomendado lutar contra a tendência, se você decidir fazê-lo, na maioria dos casos será uma experiência cara para **você**.

As tendências normalmente não se movem para cima ou para baixo de maneira direta. Elas geralmente se movem em uma direção por um período de tempo e então enrevesam temporariamente (invertem) parte do movimento anterior antes de continuar na direção original. Cada vez que uma cripto inverte e começa a se mover na direção oposta, ela forma uma nova subida ou uma nova descida. Por exemplo, com as criptos, novos picos se formam quando uma cripto sobe e, em seguida, vira e desce. Novas descidas se formam quando uma cripto desce e, em seguida, vira e sobe. Identificar esses altos e baixos permite que você identifique se uma cripto está em uma tendência de alta, de baixa ou lateral.

Tendência de Alta - Os mercados com tendência de alta formam uma série de subidas mais altas e subidas mais baixas.

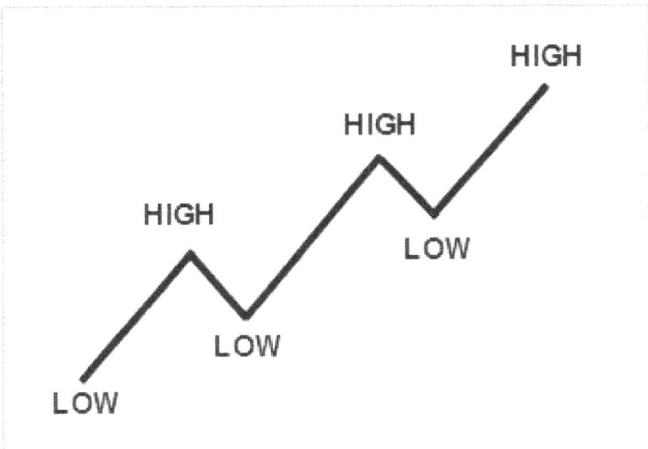

Tendência de Baixa – Os mercados com tendência de queda formam uma série de subidas baixas e quedas mais baixas.

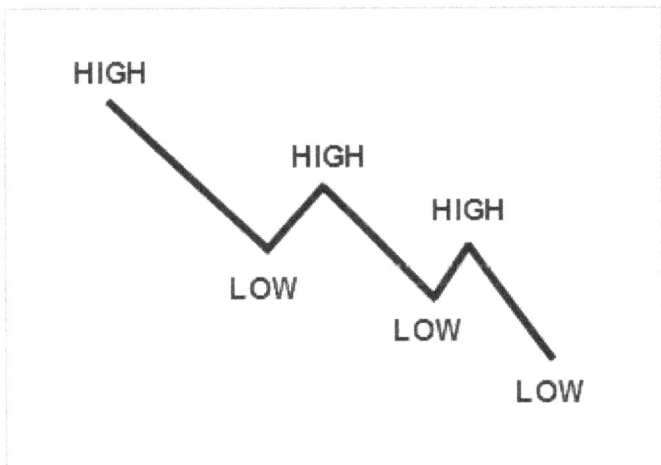

Tendência Lateral – Uma criptomoeda com tendência lateral forma uma série de subidas que estão aproximadamente no mesmo nível de preço e uma série de baixas que estão aproximadamente no mesmo nível de preço.

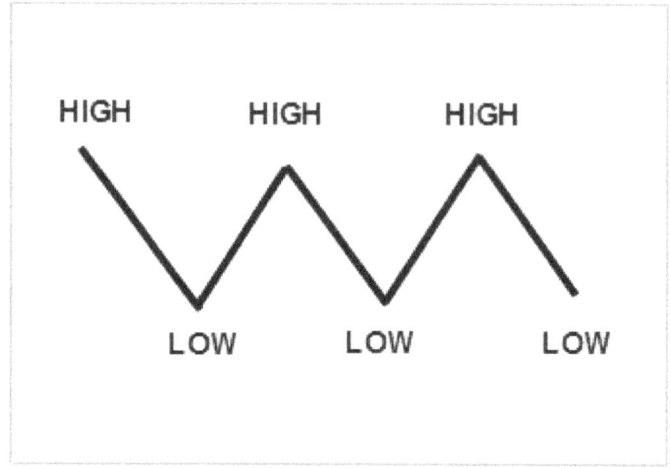

Tendências – Quer sejam tendências de alta, tendência de baixa ou laterais, as tendências podem se formar em vários períodos de tempo. Identificar as diferentes tendências ao longo de cada período e ser capaz de alinhá-las em sua análise é crucial para o seu sucesso como trader.

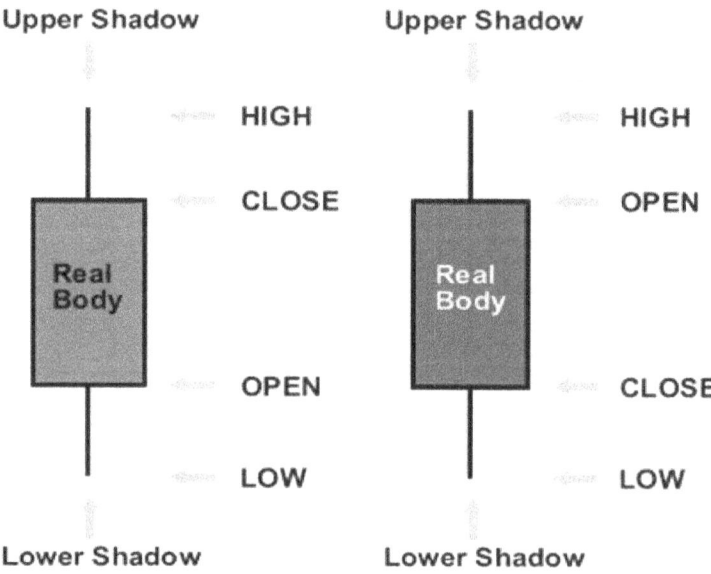

Definindo um gráfico de velas

Vamos começar definindo a vela. Uma vela é uma linha em um gráfico que representa um ponto e mostra a alta, a baixa, a abertura e o fechamento de cada período. Por exemplo, se tivermos um gráfico diário, cada vela representa um dia e mostrará a máxima, a mínima, a abertura e o fechamento desse dia. Em muitas plataformas, uma vela vermelha significa que o preço de fechamento é inferior ao preço de abertura naquele período. Uma vela verde significa que o preço de fechamento é maior do que o preço de abertura naquele período.

INDICADORES DE ANÁLISE TÉCNICA

Vamos dar uma olhada nos indicadores de Médias Móveis, IFR e Bandas de Bollinger. Em primeiro lugar, estão as Médias Móveis, e elas são úteis porque facilitam a localização de uma tendência. Isso é fundamental para moedas, criptomoedas ou alguns dos derivativos, onde um mercado em alta é bom e um mercado em baixa também é bom. Portanto, tudo o que precisamos fazer é identificar ou detectar essa tendência. Para ilustrar, uma média móvel de cinquenta dias soma os preços de fechamento dos últimos cinquenta dias, divide por cinquenta e traça um ponto no gráfico para cada dia.

Gráfico de Média Móvel

Vamos revisar algumas configurações básicas com o indicador de média móvel. Se tivermos configurações em um gráfico de MM dez, MM cinquenta, então dez é o curto prazo, cinquenta é o longo prazo. Quanto mais curta a média móvel, se estiver acima da mais longa, a tendência é considerada de alta. Se a média móvel mais curta estiver abaixo da média móvel mais longa, a tendência é considerada de baixa. Em um gráfico, se você observar que o dez está quebrando abaixo dos cinquenta, o longo prazo neste exemplo, isso pode ser considerado o sinal inicial de um sinal de venda.

Com as médias móveis, os sinais de compra e venda são gerados pelo cruzamento de preços acima ou abaixo da linha da média móvel. Tem um termo que você vai ouvir muito se estiver perto do pessoal da análise técnica, se chama cruz dourada e significa que o curto prazo rompe acima do longo prazo. O exemplo que temos é dez e cinquenta, mas poderia ter sido vinte e trinta, quinze e dezessete, depende do trader e do instrumento que estão negociando.

Índice de Força Relativa

O IFR, Índice de Força Relativa, é usado para identificar se o mercado (ações, moedas, criptomoedas, etc.) está sobrecomprado ou sobrevendido. Ele é classificado como um dos principais indicadores porque ele começa a dar sinais antes do início da tendência. Ele tem um índice de zero a cem.

O gráfico IFR é visível abaixo do gráfico EURUSD. O IFR corresponde mais ou menos ao que está acontecendo no gráfico. Leituras abaixo de trinta indicam que o mercado pode estar sobrevendido e, quando você vê ou ouve o termo sobrevendido, significa venda excessiva. Leituras acima de setenta indicam que o mercado pode estar com sobrecompra, compra excessiva. Lembre-se que eles são indicadores, não são garantias de nada. Como uma observação, o mercado pode permanecer sobrecomprado ou sobrevendido por um período considerável de tempo.

Bandas de Bollinger

Bandas de Bollinger são uma ferramenta que muitos investidores e traders usam quando desejam adicionar diferentes aspectos de análise técnica às negociações que abriram. Elas são usadas para medir a volatilidade do mercado. As bandas definem os limites de alta e baixa da faixa de negociação. Ao visualizar as bandas em um gráfico, você terá uma banda superior e uma inferior. O espaço entre a parte superior e a inferior é chamado de canal de compra e venda. Você usa o espaço entre as faixas para ter uma ideia de onde está dentro da faixa de negociação. Se você está perto do topo, sabe que está perto do nível de resistência e que existe um potencial para uma reversão de preço (o mercado inverte a direção). Se você está abaixo, sabe que está perto do nível de suporte para uma possível reversão de preço. Na maior parte, os preços permanecem entre as bandas. Se o preço começar a quebrar, muitos traders interpretam isso como um sinal, então você precisa estar ciente disso.

Entendendo os Níveis de Suporte e Resistência

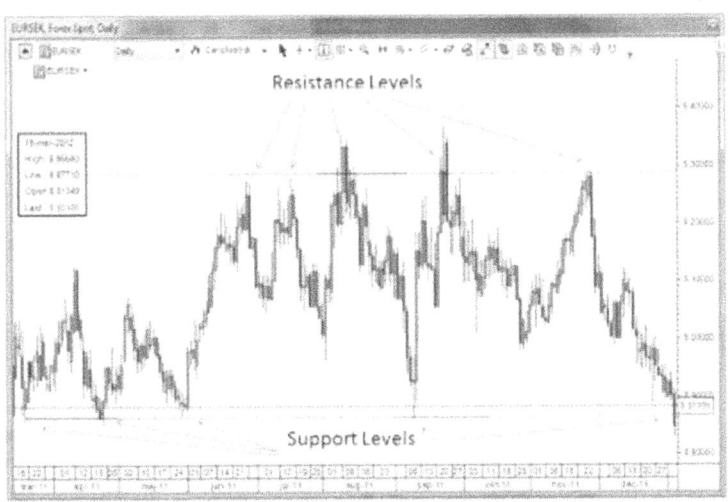

O nível de suporte é o nível de preço no qual o instrumento negociado historicamente teve dificuldade de cair. Por exemplo, se tivermos suporte em torno de 1,4380, você poderá ver em um gráfico que o mercado está nesse nível (1,4380) várias vezes sem cair, então, no jargão da análise técnica, isso seria considerado um nível de suporte. O nível de resistência é exatamente o oposto, o nível de preço no qual o instrumento historicamente teve dificuldade de romper.

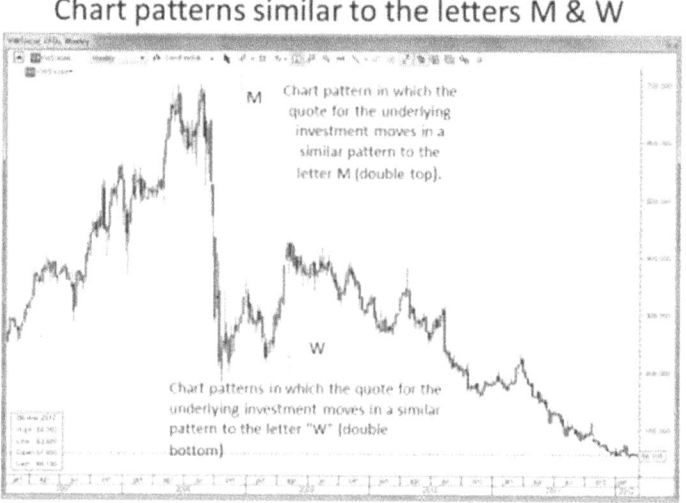

Padrões de Gráfico "W" Fundo Duplo ou "M" Superior Duplo

Esses são padrões de gráfico nos quais o preço cotado para o instrumento se move em um padrão semelhante à letra "W" (fundo duplo) ou "M" (superior duplo). Os padrões de superior e fundo duplo são usados na análise técnica para explicar os movimentos em uma ação, criptomoeda ou outros investimentos e podem ser usados como parte de uma estratégia de negociação para explorar padrões recorrentes. Um superior duplo e um fundo duplo são ambos padrões de reversão de tendência.

Um **fundo duplo** tende a ocorrer após uma forte tendência de baixa e indica que uma tendência de alta pode ser iminente. Os "fundos" são vales que se formam quando o preço atinge um determinado nível de suporte que não pode ser rompido. Depois de atingir este nível, o preço irá saltar ligeiramente antes de retornar para testar o nível novamente. Se o preço saltar do suporte uma segunda vez, você terá uma formação de fundo duplo. Se o segundo fundo não consegue quebrar a baixa do primeiro, então este é um forte sinal de que uma reversão vai acontecer. Um 'V invertido' é desenhado no alto entre os dois 'fundos'. Com um fundo duplo, você pode pensar em colocar sua ordem de posição longa (compra) acima do "V invertido" porque espera que a tendência mude para cima.

Um **superior duplo** geralmente é formado após uma tendência de alta estendida e indica que uma tendência de baixa pode ser iminente. Os "superiores" são picos que se formam quando o preço atinge um determinado nível de resistência que não pode ser rompido. Depois de atingir esse nível, o preço irá saltar ligeiramente, mas depois voltará para testar o nível novamente. Se o preço saltar desse nível novamente, você terá um superior duplo. Se o segundo superior não consegue quebrar a alta do primeiro, então este é um forte sinal de que uma reversão vai acontecer. Um ´V´ é desenhado na parte inferior entre os dois ´superiores´. Com um superior duplo, você pode pensar em colocar sua ordem de entrada a descoberto (venda) abaixo do 'V' porque espera que a tendência mude para baixo.

SEUS PRÓXIMOS PASSOS

Antes de mergulhar de cabeça, você também pode se preparar um pouco mais com uma aula online, eu ofereço uma em (gcmsonline.info) ou simplesmente falando com um consultor de confiança. Vou alertar sobre o uso de alguns dos fóruns de cripto online. A maioria não tem qualquer tipo de supervisão real. Basta dar uma olhada em vários dos grandes fóruns disponíveis nas principais redes de mídia social e verá que as respostas fornecidas a algumas das perguntas dos membros são absolutamente assustadoras.

Os últimos meses abalaram a confiança de muitos sobre os mercados de cripto, especialmente aqueles que compraram em dezembro de 2017 apenas para ver suas contas implodir. Eu conheci alguns deles na minha aula e vou compartilhar com vocês o que eu disse a eles junto com alguns gráficos: se for a longo prazo, respire fundo e deixe as coisas se desenrolarem. Muito do que estamos vendo já foi visto antes nos mercados de cripto.

O Bitcoin e as criptomoedas percorreram um longo caminho desde os dias em que eram associados principalmente a criminosos. Agora existe uma consciência pública mais ampla e mais positiva. As transações futuras do Bitcoin são até compensadas pelas principais firmas do Wall Street, algo que no passado teria sido motivo de riso. Para que o progresso continue conforme eu defini, é necessário haver menos exagero, regulamentos relevantes e maior segurança e transparência nas exchanges. Acredito que essas sugestões garantirão que as criptomoedas, como uma classe de ativos, ultrapassem a fase de primeiros usuários.

CONCLUSÃO

Obrigado por chegar ao final do *O Próximo Nível de Investimento em Criptomoedas*. Esperamos que ele tenha sido informativo e que tenha sido capaz de fornecer algumas ferramentas adicionais que irão ajudá-lo a atingir suas metas de negociação ou investimento. Seu próximo passo é agir. Configure uma conta de demonstração com seu provedor de negociação favorito e teste suas estratégias até atingir os resultados que você precisa ver antes de abrir uma conta real.

Meus outros livros que comprovadamente ajudam os traders e investidores são: *Análise Técnica Para Forex Explicada* e *Programa de Consultor Especializado Para Iniciantes: Estratégias de Lucro Forex MT4 Máximo*.

Um parágrafo de amostra do meu próximo livro: Princípios Básicos de Trading Cripto-algorítmico

A negociação algorítmica (algos) é bem conhecida nas negociações com as classes de ativos tradicionais, como ações, commodities e forex, mas não tanto com as criptomoedas.

Para aqueles que não estão familiarizados com algos, uma rápida atualização. Um algoritmo geralmente inclui os seguintes componentes: sinal de entrada, frequência de tempo, tamanho da posição, sinal de saída e um benchmark de avaliação para medir seu sucesso ou a falta dele. Normalmente, um algoritmo também inclui um pouco de mineração de dados, que inclui backtesting. A armadilha do backtesting é que alguns vão longe demais. Na verdade, essa é uma das principais razões pelas quais muitos algos falham: a pessoa ou equipe por trás dele demora muito para chegar ao mercado. A realidade é que as condições de mercado mudam regularmente. Por exemplo, muitos dos resultados do seu backtest, se for feito para forex, podem se tornar inúteis por causa de uma mudança inesperada na taxa de juros de um banco central.

VOCABULÁRIO ESSENCIAL DA CRIPTO BITCOIN

Blockchain: É um registro **público**/livro-caixa de transações de Bitcoin em ordem cronológica. O blockchain é compartilhado entre todos os usuários do Bitcoin. Ele é usado para verificar a permanência das transações de Bitcoin e para evitar gastos duplicados.

Bloco: É um <u>registro no blockchain</u> que contém e confirma as transações em espera. Aproximadamente a cada 10 minutos, em média, um novo bloco incluindo transações é criado para o blockchain por meio da mineração.

Bloco Gênesis: Este é o primeiro bloco que foi criado e o início do blockchain.

Taxa de Hash: É a unidade de medida do poder de processamento da rede Bitcoin. A rede Bitcoin deve fazer operações matemáticas intensivas para fins de segurança. Quando a rede atingiu uma taxa de hash de 10 Th/s, isso significava que poderia fazer 10 trilhões de cálculos por segundo.

Mineração: É o processo de fazer com que o hardware do computador faça cálculos matemáticos para a rede Bitcoin a fim de confirmar as transações e aumentar a segurança. Como recompensa por seus serviços, os mineradores de Bitcoin podem coletar taxas de transação pelas transações que eles confirmam, junto com bitcoins recém-criados. A mineração é especializada e competitiva, as recompensas são divididas de acordo com a quantidade de cálculo feita.

Confirmação: A confirmação significa que uma transação foi processada pela rede e é altamente improvável que seja revertida. As transações recebem uma confirmação quando são incluídas em um bloco e para cada bloco subsequente. Mesmo uma única confirmação pode ser considerada segura para transações de baixo valor, embora para valores maiores, como 1.000 US$, faz sentido esperar por várias outras confirmações.

Gasto em Dobro: Se um usuário mal-intencionado tentar gastar seus bitcoins em dois destinatários diferentes ao mesmo tempo, isso representa um gasto em dobro. A mineração de bitcoins e uma cadeia de blocos existem para criar um consenso na rede sobre qual das duas transações será confirmada e considerada válida.

Air Drop: Airdrop é o processo no qual uma empresa de criptomoeda distribui tokens de criptomoeda para as carteiras de alguns usuários gratuitamente. Airdrops são geralmente realizados por startups de blockchain para inicializar seus projetos.

Chave Privada: É um dado secreto que prova o seu direito de gastar bitcoins de uma carteira específica por meio de uma assinatura criptográfica. Sua (s) chave (s) privada (s) são armazenadas em seu computador se você usar uma carteira de software; elas são armazenadas em alguns servidores remotos se você usar uma carteira digital. As chaves privadas nunca devem ser reveladas, pois elas permitem que você gaste bitcoins para suas respectivas carteiras de Bitcoin.

Assinatura: Uma assinatura criptográfica é um mecanismo matemático que permite que alguém prove a titularidade. No caso do Bitcoin, uma carteira de Bitcoin e sua (s) chave (s) privada (s) são conectadas por mágica matemática. Quando o seu software de Bitcoin assina uma transação com a chave privada apropriada, toda a rede pode ver que a assinatura corresponde aos bitcoins gastos. No entanto, não há como o mundo adivinhar sua chave privada para roubar seus bitcoins.

Carteira: Uma carteira de Bitcoin é vagamente o equivalente a uma carteira física na rede Bitcoin. A carteira na verdade contém sua (s) chave (s) privada (s), que permitem que você gaste os bitcoins alocados a ela no blockchain. Cada carteira de Bitcoins pode mostrar o saldo total de todos os bitcoins que controla e permite que você pague uma quantia a uma pessoa específica.

Armazenamento Frio: Este é o processo de mover seus bitcoins para uma carteira offline. A vantagem disso é que ninguém pode invadir seu computador e roubar suas chaves privadas se o computador não estiver conectado a uma rede. Os bitcoins precisarão ser retirados do armazenamento frio para serem gastos ou transferidos novamente.

Fungibilidade: É a propriedade de um bem ou mercadoria cujas unidades individuais são intercambiáveis. Por exemplo, como um quilo de ouro puro é equivalente a qualquer outro quilo de ouro puro, seja na forma de moedas ou em outros estados, o ouro é fungível. Outras commodities fungíveis incluem petróleo bruto, ações, títulos, moedas. Um diamante não é, pois cada um é único.

Endereço: Um endereço Bitcoin é uma série exclusiva de 27 a 34 caracteres alfanuméricos. Um endereço pode ser criado livremente com o uso de uma carteira e sempre começa com 1 ou 3.

Moedas Alternativas (altcoins): As muitas moedas alternativas diferentes que surgiram com base na ideia e/ou código básico do Bitcoin. Algumas das mais notáveis são Litecoin, IOTA e Ripple.

Fork: Um "fork" é uma mudança no software da moeda digital que cria duas versões separadas do blockchain com um histórico compartilhado. Os forks podem ser temporários ou podem ser uma divisão permanente na rede, criando duas versões separadas do blockchain. Quando isso acontece, duas moedas digitais diferentes também são criadas.

DDOS: Conhecido como 'Negação de Serviço Distribuída'. Um ataque DDoS na hora certa nas exchanges durante movimentos voláteis pode ser devastador, pois os traders não serão capazes de executar qualquer ordem manualmente e ficarão à mercê de suas ordens predefinidas.

ERC20: Um padrão técnico usado para contratos inteligentes no blockchain Ethereum para a implementação de tokens. *ERC* significa *Ethereum Request for Comment* e 20 é o número atribuído a esta solicitação.

O ERC20 define uma lista comum de regras para os tokens Ethereum seguirem dentro do ecossistema Ethereum maior, permitindo que os desenvolvedores prevejam com precisão a interação entre os tokens.

PERFIL DO AUTOR

Wayne Walker é o diretor de uma empresa de consultoria e educação em mercados de capitais globais (gcmsonline.info). Ele tem vários anos de experiência em liderança e treinamento de equipes de Consultores de Investimento e gerenciou equipes de alto desempenho no Grupo de Clientes Privados com base em Bench Mark Earnings (BME).

www.ingramcontent.com/pod-product-compliance
Lightning Source LLC
Chambersburg PA
CBHW072031230526
45466CB00020B/1703